Maakdaa Arshii Irra

Ibsituuwwan Addunyaa Kennaa Keessaniin Haa Iftu Addunyaan!

Hiikadhaala: Hayilamaariyaam Tagaanu
Suuraa: Siidaant Jumdee
Gulaalaan: Barreessituu Aaddee Meerii Jafar

Haa dhufu Ijoollee kootif, Hiraa Yuusuf; Niinaa Yuusuf fi Aya Yusuf. Osoon haadha keessan ta'uu baadhe kitaaba kana hin barreessu ture. Isin humna kooti. Jireenya keenya gammachuudhaan waan guuttaniif baay'ee galatoomaa. Hanga afuurri koo turutti isin jaalladha.

Warra akkoo na godhaniif, Derartu, Nur, Niana, Ayla, Tesnim, Hanim, Siham, Judy, Zikra, Hanim Shafi, Adila Shafi, Nicotrisa, Abigail, Emma, Hana, Maya fi Gabi, kitaabni kun kan keessan. Baay'een isin jaalladha.

Abbaa manaa koo jaallatamaa Ismaa'eliif; Deeggarsa itti fufiinsa qabu naaf gootaniif garaa koorraa galatoomaa.

Maatii fi hiriyoota kootiif galata guddaa qaba.

Akkasumas galata hojjettoota Pack Perfect Packaging fi Printing hundaaf.

0911 16 10 48
0911 50 25 67
0973 32 63 62
® packperfect155@gmail.com
Address: Kera, Medina building
Addis Ababa, Ethiopia.

Published in association with Bear With Us Productions
www.justbearwithus.com
©2023 Makida Arshi

Maakdaa Arshii Irra

Ibsituuwwan Addunyaa Kennaa Keessaniin Haa Iftu Addunyaan!

Hiikadhaala: Hayilamaariyaam Tagaanu
Suuraa: Siidaant Jumdee
Gulaalaan: Barreessituu Aaddee Meerii Jafar

Ganda xiqqoo keesaa dhihoo keenya jirtu

Dandeettii ogummaadhan adda kan ta'anii

Hiriyoonni lubbu ni jiruu turanii.

Onne irraa kan maddeen jaalalaaf michooman walitti dufanii

Tokkon tokko irraa bayye gara gara karaaf kaayoon isaani.

Haadhaf Abbaan isaani biyyi irraa dhufan kuun kaaba fi kibba, kuun lixaa fi bahaa,

Dhalootan kan darbeef qooqaf aadan isaani bayye gargar bahaa.

Hiriyootan kunis,

Jireenyii ammayyummaa hawwii dubartootaf rakkoo fiduu malu dura hubatanii,

Kan shamarran dhorkuu akka hin jiraanne waan fedhii isaani,

Hojii deemuus ta'e yookin immo da'uu,

Mana taa'us ta'e yookinis heerumuu,

Fedhii dhuma isaaniin tokkicha filanii,

Afaan namaa irraa murtirraa hinolanii.

Hiriyoottan kun garuu,,,

 Akka fedhii isaanii filannon jiraachuuf walii galan waadaa

 Abjuu isaani ibsuuf akka fayadaman carraa isaani hundaa.

 Durba hundumaafu ni ta'aaf dubarti kabajamtu ta'uu

 Fedhii fi filanno ofiin jiraatani alaanis keessanis qarooman of-ta'uu.

Egaa,,,,

Hundumtu kessani hiriyoottan kunnen maal ta'ani laata yaroo gudatanni

Kan adda isaan baasee maali fi mal ta'a abjuuf fedhi isaani .

Jechaa kan yaaddenii debiisaa argachuuf gara fuulaa duraa yoo dabarsitani

Seenaa isaani gutuu barraa'ee argattu tokkoon tokkosani.

Haadha onnee arjuu, mucoo cimtuu Salaam,

Ijoolleen araddaa tapha isaani kessatti kufanii miidhaman hin laaltu callistee

Bakkeetti argamti nama miidhame san wal'aanuuf daddaftee.

Ijollee gargaaruuf isaanitti dhiyaachuu

Kana caalaa hinjiru Salaamiif kan kennu lubbuurraa gamachuu.

Xiyyeefannoos ta'ee, cimina sammuushee jabeegna ishee jadhee

Barnoota isheetin tokkoffaa ishee godhe.

Waggoottan digdamman erga dabran booda

Bakka isheen geese mee laalaa daawwadha.

Akka fedhii ishee kan hundi jaalatu taate dooktooridha.

Kan yaaltee fayyistu,

Kan cabaa deebistu,

Ta'ee olmaan ishee iftuu akka biiftuu.

Warroottan Priya akkana ni jedhu.

Priyaan xiqqitti yeroo 'jollummaa ishee

Ol kaatee samirra barrisuu jaalatti.

Abjuun jolluummaa ishee jabina sammuu isheetin cimsitee milkoofte
Akkuma guddatteen xiyaaraa qabattee gara samii baatee.

Garuu Priyaan akkuma ijoollee mimmidhagoo dhalte
Baay'ee jaalatamaa fedhii biraa argatte
Hojii samii irraa xiyyaaraa san dhiiftee
Ijollee guddissutti kunuunsutti kaate.

Ariizo ishee iftuun faayoo ni jaalatti

Hojii isa guddaa addugnaa jijjiiru dalaguuf hawwiti.

Waanuma argatteen boroonqis, irsaasis, halluudhaanis ta'ee

Gidaari ishee hinhafu waraqaa irrattis lafattis yoo ta'e

Kaasuf hin dhibamtu fakkii kan milkaa'e.

Har'a Ariizon guddattee gaalarii gurgurtaa fakkii guddaa'saa bantee hojjatti
Fakkiiwwan bareeda kaasuu isheen gammachuun jiraatti.

Ifaa burqisiisaa fakkii isheen kaastee kan bitan hundumtuu
Faayoo ajaa'ibaa ishee ni dinqiisiifatu.

Dayaanaan xiqqishuun daraboo umrii ishee ni jajjabeessiti "Kaayyoo keenya ga'uuf jabaanne hojjannaan nama guddaa taana " yeroo hundaa jetti.

Nama waliin qabdee haasaa bareeda isheetin ni uumti gammachuu
Kan gaddes yoo dhufe kokkolfaa deebi'a ni hafa mufachuu.

Izabeel xiqqishuu isheen kunuunsituun, ashaangulitiidhan taphachuu jaalatti
Barsiistee, nyaachiftee eeggannoo gudaadhan ofumaaf raffifti.

Gaafa guddattekaa,

Hojii ala baatee hojjatuu san dhiiftee

Mana keessa oluun haadha ta'uu feete.

Kunoo mee ilaalaa, filannoon isheesun " kan mana turaa sun" milki-

idhan boqatte

Haadha ishee dinqiin jollee torba dhaltee.

Homtuu hin dirqisiisne, fedhii fi filannoon ture kanuuma ishii

Baayistee gammaddi bohaaras ni kennuf kunoo ijoolleenshi.

Lii'n beekkumsa dabalee odeeffannoo haara baayyistee barbaaddi

Waanuma hundumaa dubbisuu qorachuu daran ni jaalatti.

Kitaabni gurguddoon beekumsa issan qaban hunda niqoratti

Duudha ishee kana gadi hin lakkisne hanga guddinaatti.

Har'as guddoo taatee beekkumsaa fi dhugaa baay'istee jaalattu

Mee isiin gaafanna maal yoo ta'ee mala hojiin Lii'n hojjattu?

Eeyyee Lii'n dargaggoon saayintiistiidhuma kan manaa

hojjattu

Gocha isheetiin jabduu kan kophaa jiraattu

Dhiirsa fi daa'ima beelladoota manaas hinqabdu gonkumaa

Gochaaf jiiruun ishee gammachuuma dhumaa.

Baay'ee ni gammaddi mana baruumsaatti ijoollee gargaartee

Beekkumsa haarawaaf yaada isaanif hingalle Chelsiin hubachiistee.

Kunoo har'as guddatee jaalala ijoolleedhaaf qabdi ni beeksiisa

Ofii dhaluu baattu kan biroof ni laatti madda beekkumsaa.

Asii achi hinjiru hojii ishee xumurtee

Galuu ni filatti gara manaa daftee.

Ijoollee rakkataniif jaalattee ni yaalti ibsuuf sammuu isaanif yaadan baballistee

Garuu mana isheetti abbaa manaa ishee cinaa ta'uu nijaalatti nageegnaan callistee.

Xiqishittin Aleeks mormii jaalachuun ishee homaa shakkii hin qabuu

Amala isheetiin dogoggora namaa tasa hin beektu darbuu.

Fedhii hojii guddaa hojjechuudhaaf qabdu bay'isee guddaa dha

Fedhii namaa kakkaasuudhan kan ishee moo'u hinjiru baayyistee cimtuudha.

Amma mana mariitti miseensa taatee jirti hedduun filatamtee

Yaada adda addaa nama kan fayyadu ni kaafti jaalattee.

Gaaf tokko eegnuut beeka bulchaa ummata ishee ta'uun hawwii isheedha

Abjuun guddaan ishee kana milkeessuudha.

Ija jabduun Aadaan baayyistee jaalatti qoruu waayee hawaa

Abjuun guddaa ishee addeessaa fi urjii bira deemu duwwaa.

Aguugguu fuulleetti mataa ishee keessee guyyaa gutuu oolti

"Ani og-hawaadha!" jechaa ni ibsiti.

Amma ishee laallan lafa kana dhiistee olitti jiraatti

Waggaa tokko keessaa ji'oottan walakka buufata hawaatti, samiirra jiraatti.

Fagoo badaa samii gadi gara lafaa laaluun gammachuu booharaa onneerraa,

Adaadhaan danga'uu,

Qomoon addaan bahu,

Bakka hin jirre irraa, mana hawaa irraa.

Seenaa armaan olii akka dubbistanii

Ogummaa hojiidhaan gargaris bahanii

Hanga harr'aa jira hiriyyumaan 'saanii

Jaalalli jaalalaan daraaree argama har'as gidduu isaanii.

Ammagaa isiniif dhaamsa dhaamsuuf danuu ni barbaadan

Deemsa jireegnatti qormaanni yoo dhufu akka issin ceetan.

Simboodhaan guddadhaa,

Fillannoof fedhii kessan siritti hubadhaa,

Addugnaan kan iftuu gammachuufi kennaa keessaniin ta'uu isaa qubuma qabaadhaa!

Waa'ee Barreessiituu

Maakidaa Arshiin barreessituu fi narsii Virginia irraa dhuftedha. Isheen hidda dhaloota Itophiyaa kan taate yoo ta'u, abbaa warraashee Dr. Ismaa'eel Yuusuf, fi ijoollee durbaa ishee sadi dinqisiisoo Hiraa, Niinaa, fi Aayah waliin jiraatti. Yeroo hundumaa hawaasni waan dubartoota irraa eeguu waliin qabsaa'aa turte. Yeroo tokko tokkotti, ijoollee ishee kunuunsuuf mana turuu fi hojjechu gidduutti filannoo gochuu qabdi turte. Ykn lamaan isaanii! Filannoo kana gochuu keessatti, isa kamiyyuu yoo ta'e, yeroo hunda filannoon kun rakkoo kan itti ta'uu kutaan hawaasaa tokko hindhabamu. Maakidaan addunyaa guutuu irraati ejjennoo akkasii kana diiguuf gahee guddaa akka qabdu hawwii fi abdii qabdi. Kanaafidha keessumaa dubbistoota dargaggoota shamarran jajjabeessuuf kitaaba barreessuun barbaachisaa ta'uu isaa kan argite. Dubartooni akka waan isaan filatanitti ta'uun hanga hojjii sana hojjechuutti gammadaan, eenyummaa isaanii hammachuu fi dhugaa isaanii jiraachuun homma jechu akka hin ta'ane ykn 'ok' akka ta'e xiyyeefnnaan dhaamsu barbaadii.

www.ingramcontent.com/pod-product-compliance
Lightning Source LLC
Chambersburg PA
CBRC090841120626
46551CB00008B/718